AF417689

* 9 7 8 9 7 7 6 8 6 7 7 1 0 *

جواهر من أخلاق الرسول ﷺ

دار حروف منثورة للنشر والتوزيع

الطبعة الأولى

الكتاب: جواهر من أخلاق الرسول ﷺ

المؤلف: إبراهيم محمد سحيم العلياني

تصنيف الكتاب: إسلاميات

تصميم الغلاف: فريق الدار

تنسيق داخلي: فريق الدار

مراجعة لغوية: محمد إمام

رقم الإيداع: 2023/9219م

الترقيم الدولي: 9789776867710

مؤسس الدار

مروان محمد

Website: https://horofbooks.com
Fan page: http://facebook.com/herufmansoura
Email: herufmansoura2011@gmail.com

هاتف جوال: 00201113006296 – هاتف جوال: 00201064054995

جواهر

من أخلاق الرسول ﷺ

جمع وإعداد

إبراهيم محمد سحيم العلياني

بسم الله الرحمن الرحيم

قال الله تعالى

﴿لَّقَدْ كَانَ لَكُمْ فِي رَسُولِ اللَّهِ أُسْوَةٌ حَسَنَةٌ لِّمَن كَانَ يَرْجُو اللَّهَ وَالْيَوْمَ الْآخِرَ وَذَكَرَ اللَّهَ كَثِيرًا﴾ [سورة الأحزاب: 21].

المقدمة

رسول الله ﷺ هو محمد بن عبد الله بن عبد المطلب، أبو القاسم، فهو خاتم النبيين والمرسلين وأشرف الخلق أجمعين، هو رسول البشرية، إنه كان يُلقب بالصادق الأمين، فكان ومازال أعظم الشخصيات، حيث إنه جمع في شخصيته الرقة والإنسانية والتوازن النفسي الدقيق، وكذلك السلوكي، فقد كان النبي ﷺ قدوةً ونموذجًا يُجسد الدين الذي أُرسل به، قال الله تعالى ﴿لَّقَدْ كَانَ لَكُمْ فِي رَسُولِ اللَّهِ أُسْوَةٌ حَسَنَةٌ لِّمَن كَانَ يَرْجُو اللَّهَ وَالْيَوْمَ الْآخِرَ وَذَكَرَ اللَّهَ كَثِيرًا﴾ [سورة الأحزاب: 21]. نجد أنفسنا عاجزين عن التعبير بأي كلمة عن صفات رسول الله ﷺ وأخلاقه، فلذلك يجب على الجميع أن يتخذوا منه قدوة حسنة في كل معاملاتهم، مثلما كان يتعامل النبي الكريم.

حيث إنه وقبل نزول الوحي على رسولنا ﷺ في غار حراء، كان شخصًا عاديًا، يعيش في البلدة، يرعى الغنم؛ لكي يحصل على قوت يومه، وحتى بعد البعثة وقد اختاره الله ليكون آخر من يدعو لانتشار الدين الاسلامي، ويقوم بالتصدي للمشركين ليحمي ديننا.

فعندما شعر ﷺ باختيار الله له ونزول الوحي عليه، وقراءته للقرآن الكريم ـ رغم أنه أميّ ـ، فكانت أولى الآيات ﴿اقْرَأْ بِاسْمِ رَبِّكَ الَّذِي خَلَقَ﴾ [العلق: 1]. وبعدها توالت المعجزات على النبي ﷺ وكذلك الغزوات الإسلامية لجعل الدين الإسلامي هو الدين السائد في البلاد ومحو الديانات الأخرى.

وفي هذه اللحظات مر الرسول  بالكثير من المشاعر السيئة، والمواجهات الشرسة، والكثير من محاولات الاغتيال له والقضاء عليه.

برغم كل هذا وذاك... فلم يفكر ولو للحظة أن يترك الدين الاسلامي ويسير على نفس طرق الآخرين ـ أي المشركين ـ ، وذلك لقوة الصلة بينه وبين الله، حيث كانت تعطيه القوة.

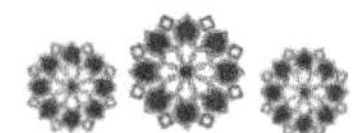

فالنبي ﷺ هو القدوة والأسوة والمعلم والمربي الحكيم، فإن المصطفى هو إمام الدعاة، حيث أمر الله باتباع نهجه، وأن نقتدي به في عبادتنا ودعوتنا وخلقنا وسلوكنا ومعاملاتنا وجميع أمور حياتنا، قال الله تعالى ﴿قُلْ هَٰذِهِ سَبِيلِي أَدْعُو إِلَى اللَّهِ ۚ عَلَىٰ بَصِيرَةٍ أَنَا وَمَنِ اتَّبَعَنِي ۖ وَسُبْحَانَ اللَّهِ وَمَا أَنَا مِنَ الْمُشْرِكِينَ﴾ [يوسف:108].

لذلك وجب علينا الاقتداء بالنبي ﷺ في جميع مسارات الحياة دون استثناء، سواء في البيت أو الجامع أو القيادة والدعوة والإرشاد، وأن نعمل جاهدين على تحقيق الاقتداء والتأسي.

الصدق

الصدق من أعظم الأخلاق التي يتَّصف بها إنسان؛ لذا كان محلَّ عناية القرآن، فقال تعالى موجِّهًا نداءه لكل مَنْ آمن به ربًّا: ﴿يَا أَيُّهَا الَّذِينَ آمَنُوا اتَّقُوا اللَّهَ وَكُونُوا مَعَ الصَّادِقِينَ﴾ [التوبة: 119]؛ للدلالة على أن المجتمع المسلم يجب أن يتَّصف بهذه الصفة الرائعة صفة الصدق؛ لأنها مفتاح كل خير.

الصدق في حياة رسول الله

كان رسول الله ﷺ مثالاً وقدوة في صفة الصدق، فقَبْل بعثته لُقِّب من قِبَل قريش بالصادق الأمين، فقد كانوا يستودعون رسول الله ﷺ، حوائجهم، ويأتمنونه على أشيائهم وأسرارهم، وحينما بُعِث رسول الله ﷺ وأظهر له بنو جلدته وعشيرته العداوة والبغض والكره والحرب؛ ظلَّ رسول الله ﷺ على حُسْنِ خُلُقه، وظهر ذلك في ردِّ الأمانات إلى قوم جعلوا أنفسهم أعدى أعدائه.

وعندما أمره الله عز وجل بإنذار عشيرته الأقربين صَعد على جبل الصفا، وقال: ''أَرَأَيْتَكُمْ لَوْ أَخْبَرْتُكُمْ أَنَّ خَيْلاً بِالْوَادِي تُرِيدُ أَنْ تُغِيرَ عَلَيْكُمْ، أَكُنْتُمْ مُصَدِّقِيَّ؟'' قَالُوا: نَعَمْ، مَا جَرَّبْنَا عَلَيْكَ إِلاَّ صِدْقًا.

كما شهد بصدقه أكثر الناس عداءً له وهو النضر بن الحارث الذي قام خطيبًا في سادة قريش قائلاً لهم: ''يا معشر قريشٍ، إنَّه والله قد نَزَلَ بكم أمرٌ ما أتَيتُم له بحيلة بَعْدُ، قد كان محمدٌ فيكم غلامًا

حدثًا، أرضاكم فيكم، وأصدقكم حديثًا، وأعظمكم أمانةً، حتى إذا رأيتم في صُدْغَيْهِ الشيب وجاءكم بما جاءكم به، قلتم: ساحر. لا والله ما هو بساحر، لقد رأينا السَّحَرَة ونَفْثَهُم وعقدهم وقلتم: كاهن. لا والله ما هو بكاهن قد رأينا الكهنة وتَخَالُجهُم، وسمعنا سجعهم، وقلتم: شاعر. لا والله ما هو بشاعر، قد رأينا الشعر، وسمعنا أصنافه كلها؛ هزجه ورجزه، وقلتم: مجنون. لا والله هو بمجنون... فانظروا في شأنكم فإنه والله لقد نزل بكم أمرٌ عظيمٌ".

وأكبر من هذا كله شهادة رب العالمين على صدقه ﷺ فقال تعالى: ﴿وَالَّذِي جَاءَ بِالصِّدْقِ وَصَدَّقَ بِهِ أُولَٰئِكَ هُمُ الْمُتَّقُونَ﴾ [الزمر: 33]، والذي جاء بالصدق هو نبينا محمد ﷺ والذي شهد لما جاء به هو الله في قرآنه المنزَّل من فوق سبع سماوات، ويقول ابن عاشور معلقًا على هذه الآية: "الذي جاء بالصدق هو محمد رسول الله ﷺ والصدق هو القرآن".

حث رسول الله على الصدق

كان رسول الله ﷺ، دائمًا ما يحثُّ المسلمين على الصدق في أقوالهم وأفعالهم فيقول ﷺ: "عَلَيْكُمْ بِالصِّدْقِ؛ فَإِنَّ الصِّدْقَ يَهْدِي إِلَى الْبِرِّ، وَإِنَّ الْبِرَّ يَهْدِي إِلَى الْجَنَّةِ، وَمَا يَزَالُ الرَّجُلُ يَصْدُقُ وَيَتَحَرَّى الصِّدْقَ حَتَّى يُكْتَبَ عِنْدَ اللهِ صِدِّيقًا، وَإِيَّاكُمْ وَالْكَذِبَ؛ فَإِنَّ الْكَذِبَ يَهْدِي إِلَى الْفُجُورِ، وَإِنَّ الْفُجُورَ يَهْدِي إِلَى النَّارِ، وَمَا يَزَالُ الرَّجُلُ يَكْذِبُ وَيَتَحَرَّى الْكَذِبَ حَتَّى يُكْتَبَ عِنْدَ اللهِ كَذَّابًا".

بل ويُوَجّه رسول الله ﷺ خطابه للمسلمين قائلاً لهم: "اضْمَنُوا لِي سِتًّا مِنْ أَنْفُسِكُمْ أَضْمَنْ لَكُمُ الْجَنَّةَ؛ اصْدُقُوا إِذَا حَدَّثْتُمْ، وَأَوْفُوا إِذَا وَعَدْتُمْ، وَأَدُّوا إِذَا اؤْتُمِنْتُمْ، وَاحْفَظُوا فُرُوجَكُمْ، وَغُضُّوا أَبْصَارَكُمْ، وَكُفُّوا أَيْدِيَكُمْ"

ومن عظمة رسول الله ﷺ التربوية ما تركه في نفوس أحفاده والمسلمين من حُبِّ الصّدق، وأكبر دليل على ذلك ما رواه أبو الحوراء السعدي حيث قال: قلتُ للحسن بن علي ﷺ: "ما حفظت من رسول الله ﷺ؟ قال: حفظت من رسول الله ﷺ "دَعْ مَا يَرِيبُكَ إِلَى مَا لَا يَرِيبُكَ؛ فَإِنَّ الصِّدْقَ طُمَأْنِينَةٌ، وَإِنَّ الْكَذِبَ رِيبَةٌ"

صدق رسول الله في الفكاهة

صدق رسول الله ﷺ لقد كان رسول الله ﷺ مُتَّصفًا بهذه الصفة في كل أفعاله وأقواله، حتى في وقت المرح والفكاهة التي يظنُّ البعض أنّ الكذب فيها مُباحٌ، فعن أنس بن مالك أن رجلاً أتى النبي ﷺ فاستحمله، فقال رسول الله ﷺ: "إِنَّا حَامِلُوكَ عَلَى وَلَدِ نَاقَةٍ". قال: يا رسول الله، ما أصنع بولد ناقة؟ فقال رسول الله ﷺ: "وَهَلْ تَلِدُ الْإِبِلَ إِلَّا النُّوقُ؟" فكانت هذه الفكاهة من النبي ﷺ مع رجل من عامّة المسلمين من باب تقارب النفوس، وزيادة المحبّة، ولكنه ﷺ لم يستعمل فيها إلّا الصدق.

صدق رسول الله ﷺ في الحرب

وكذلك كان حال رسول الله ﷺ في وقت الحرب، الذي أجاز فيها النبي ﷺ الكذب على الأعداء اتّقاءً لشرّهم ودفعًا لضررهم ولكن رسول الله ﷺ لم يقل أيضًا إلاّ صدقًا، ولننظر إلى موقفه قُبيل غزوة بدر، التي خرجت فيها قريش لتستأصل المسلمين، فخرج رسول الله ﷺ، ومعه أبو بكر الصديق ﵁ لِيَعرِفَا أخبار قريش، فوقفا على شيخٍ من العرب، فسأله رسول الله ﷺ عن قريشٍ، وعن محمدٍ وأصحابه، وما بلغه عنهم، فقال الشيخ: لا أخبركما حتى تخبراني ممن أنتما؟

فقال رسول الله ﷺ: "إِذَا أَخْبَرْتَنَا أَخْبَرْنَاكَ". قال: أذاك بذاك؟ قال: "نَعَمْ". قال الشيخ: فإنه بلغني أن محمدًا وأصحابه خرجوا يوم كذا وكذا، فإن كان الذي أخبرني صدقًا؛ فهم اليوم بمكان كذا وكذا ـ للمكان الذي به رسول الله ﷺ ـ وبلغني أن قريشًا خرجوا يوم كذا وكذا، فإن كان الذي أخبرني صدقًا؛ فهم اليوم بمكان كذا وكذا. ـ للمكان الذي فيه قريشٌ ـ فلمَّا فرغ من خبره قال: ممن أنتما؟ فقال رسول الله ﷺ: "نَحْنُ مِنْ مَاءٍ". ثم انصرف عنه، قال يقول الشيخ: ما من ماءٍ؛ أمن ماء العراق؟

وما أجمل أن نختم مقالنا هذا بقصة رسول الله ﷺ مع وفد هوازن الذي عَلَّمَه فيه قيمة الصدق في أول يوم لهم في الإسلام، فقال له ﷺ: "أَحَبُّ الْحَدِيثِ إِلَيَّ أَصْدَقُهُ"

هكذا كانت حياته ﷺ حياة يملؤها الصدق في كل شيء، وهذا ما دعا كارليل إلى أن يقول: "... هل رأيتم قط أن رجلاً كاذبًا يستطيع أن يوجد دِينًا عجبًا؟ إنه لا يقدر أن يبني بيتًا من الطوب! فهو إذا لم يكن عليمًا بخصائص الجير والجصّ والتراب وما شاكل ذلك، فما ذلك الذي يبنيه ببيت؛ وإنما هو تلٌّ من الأنقاض وكثيب من أخلاط الموادِّ، وليس جديرًا أن يبقى على دعائمه اثني عشر قرنًا يسكنه مئتا مليون من الأنفس، ولكنه جدير أن تنهار أركانه فينهدم؛ فكأنه لم يكن، وإني لأعلم أن على المرء أن يسير في جميع أموره طبق قوانين الطبيعة، وإلا أبت أن تجيب طلبه. كذبٌ ما يذيعه أولئك الكفار، وإن زخرفوه حتى تخيَّلوه حقًّا... ومحنةٌ أن ينخدع الناسُ شعوبًا وأممًا بهذه الأضاليل...""

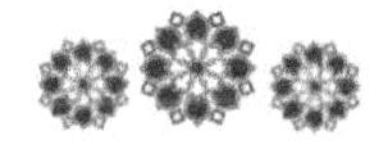

الكرم والجود

لقد مثَّل النَّبيُّ ﷺ المثل الأعلى والقدوة الحسنة في الجُود والكَرَم، فكان أجود النَّاس، وكان أجود ما يكون في رمضان، فكان أجود بالخير مِن الرِّيح المرسلة.

(وقد بلغ النبي ﷺ مرتبة الكمال الإنساني في حبّه للعطاء، إذ كان يعطي عطاء مَن لا يحسب حسابًا للفقر ولا يخشاه، ثقة بعظيم فضل الله، وإيمانًا بأنَّه هو الرزَّاق ذو الفضل العظيم)

ـ عن موسى بن أنسٍ، عن أبيه، قال: "ما سُئل رسول الله ﷺ الإسلام شيئًا إلَّا أعطاه، قال: فجاءه رجلٌ فأعطاه غنمًا بين جبلين، فرجع إلى قومه، فقال: يا قوم أسلموا، فإنَّ محمَّدًا يعطي عطاءً لا يخشى الفاقة"

ـ وقال أبو هريرة ﷺ: قال رسول الله ﷺ: "لو كان لي مثل أُحدٍ ذهبًا ما يسرُّني ألا يمرَّ عليَّ ثلاثٌ، وعندي منه شيءٌ إلَّا شيءٌ أرصدُهُ"

(إنَّ الرَّسول ﷺ يقدِّم بهذا النَّموذج المثالي للقدوة الحسنة، لاسيَّما حينما نلاحظ أنَّه كان في عطاءاته الفعليَّة، مطبِّقًا لهذه الصُّورة القوليَّة التي قالها، فقد كانت سعادته ومسرَّته عظيمتين حينما كان يبذل كلَّ ما عنده مِن مال.

ثمَّ إنَّه يربِّي المسلمين بقوله وعمله على خُلُق حبِّ العطاء، إذ يريهم مِن نفسه أجمل صورة للعطاء وأكملها)

- وعن جبير بن مطعم، أنَّه بينما هو مع رسول الله ﷺ ومعه النَّاس، مقبلًا مِن حنين، عَلِقَتْ رسول الله ﷺ الأعراب يسألونه حتى اضطروه إلى سَمُرَةٍ، فَخَطِفَتْ رداءه، فوقف رسول الله ﷺ فقال: ''أعطوني ردائي، فلو كان عدد هذه العضاه نَعَمًا، لقسمته بينكم، ثمَّ لا تجدوني بخيلًا، ولا كذوبًا، ولا جبانًا''

- وأهدت امرأة إلى النَّبيِّ ﷺ شملةً منسوجة، فقالت: ''يا رسول الله، أكسوك هذه، فأخذها النَّبيُّ ﷺ محتاجًا إليها، فلبسها، فرآها عليه رجل مِن الصَّحابة، فقال: يا رسول الله، ما أحسن هذه! فاكْسُنِيها، فقال: نعم، فلمَّا قام النَّبيُّ ﷺ لامه أصحابه، فقالوا: ما أحسنت حين رأيت النَّبيَّ ﷺ أخذها محتاجًا إليها، ثمَّ سألته إيَّاها، وقد عرفت أنَّه لا يُسأل شيئًا فيمنعه، فقال: رجوت بركتها حين لبسها النَّبيُّ ﷺ لعلِّي أُكفَّن فيها ''

- وكان ﷺ يُؤْثِر على نفسه، فيعطي العطاء ويمضي عليه الشَّهر والشَّهران لا يُوقَد في بيته نارٌ

- (وكان كرمه ﷺ كرمًا في محلِّه، ينفق المال لله وبالله، إمَّا لفقير، أو محتاج، أو في سبيل الله، أو تأليفًا على الإسلام، أو تشريعًا للأمَّة، وغير ذلك

فما أعظم كرمه وجوده وسخاء نفسه ﷺ، وما هذه الصِّفة الحميدة إلَّا جزءٌ مِن مجموع الصِّفات التي اتصف بها حبيبنا ﷺ

فلا أبلغ ممَّا وصفه القرآن الكريم بقوله: ﴿وَإِنَّكَ لَعَلَى خُلُقٍ عَظِيمٍ﴾ [القلم: 4]

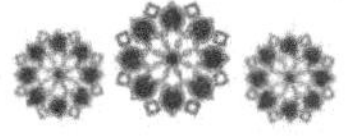

الصبر

لقد صبر الرسول ﷺ وبلغ صبره مبلغًا عظيمًا، وهذه نماذج متنوعة من صبره ﷺ:

صبره ﷺ على المشركين حينما آذوه، ورموه بالكذب، والكهانة، والسحر:

- قال ابن مسعود ﷺ: "بينما النبي ﷺ ساجد وحوله ناس من قريش، جاء عقبة بن أبي معيط بسلى جزور، فقذفه على ظهر النبي ﷺ فلم يرفع رأسه، فجاءت فاطمة ـ عليها السلام ـ فأخذته من ظهره، ودعت على من صنع"

- وعن عائشة ـ رضي الله عنها ـ أنها قالت: "يا رسول الله هل أتى عليك يوم كان أشد من يوم أحد؟ فقال ﷺ: لقد لقيت من قومك ما لقيت، وكان أشد ما لقيت منهم يوم العقبة، إذ عرضت نفسي على ابن عبد ياليل بن عبد كلال: فلم يجبني إلى ما أردت، فانطلقت وأنا مهموم على وجهي فلم أستفق إلا بقرن الثعالب، فرفعت رأسي فإذا بسحابة قد أظلتني، فنظرت فإذا فيها جبريل، فناداني فقال: "إن الله قد سمع قول قومك لك وما ردوا عليك، وقد بعث إليك ملك الجبال لتأمره بما شئت فيهم، فناداني ملك الجبال، فسلم عليَّ، ثم قال: "يا محمد إن الله قد سمع قول قومك لك، وأنا ملك الجبال، وقد بعثني ربك إليك لتأمرني بأمرك فما شئت؟ إن شئت أن أطبق عليهم الأخشبين، فقال له رسول الله ﷺ: "بل أرجو أن يخرج الله من أصلابهم من يعبد الله تعالى وحده لا يشرك به شيئًا""

- وعن عروة بن الزبير قال: قلت لعبد الله بن عمرو بن العاص: أخبرني بأشد شيءٍ صنعه المشركون برسول الله ﷺ؟ قال: " بينما رسول الله ﷺ يصلي بفناء الكعبة؛ إذ أقبل عقبة بن أبي معيط وهو من الكفار، فأخذ بمنكب رسول الله ﷺ ولوى ثوبه في عنقه، فخنقه خنقًا شديدًا "

صبره ﷺ على المنافقين:

ومن ذلك ما رواه البخاري ومسلم عن أسامة بن زيد ﷺ، "أن النبي ﷺ ركب حمارًا عليه إِكَاف، تحته قطيفة فَدَكِيَّة، وأردف خلفه أسامة، وهو يعود سعد بن عبادة في بني الحارث بن الخزرج، وذلك قبل وقعة بدر، حتى مر بمجلس فيه أخلاط من المسلمين والمشركين وعبدة الأوثان واليهود، فيهم عبد الله بن أبي، وفي المجلس عبد الله بن رواحة ﷺ قال: فلما غشيت المجلس عجاجة الدَّابة ، خمَّر عبد الله بن أبي أنفه، ثم قال: لا تغبِّروا علينا، فسلم عليهم النبي ﷺ ثم وقف فنزل فدعاهم إلى الله وقرأ عليهم القرآن، فقال عبد الله بن أبي: أيها المرء، - يريد النبي ﷺ- لا أحسن من هذا، إن كان ما تقول حقًا فلا تؤذنا في مجالسنا، وارجع إلى رحلك، فمن جاءك منا فاقصص عليه، فقال عبد الله بن رواحة: اغشنا في مجالسنا فإنا نحب ذلك ، قال: فاستبَّ المسلمون والمشركون واليهود حتى همُّوا أن يتواثبوا، فلم يزل النبي ﷺ يخفضهم، ثم ركب دابته حتى دخل على سعد بن عبادة، فقال: أي سعد، ألم تسمع إلى ما قال أبو حباب - يريد عبد الله بن أبي- قال كذا وكذا؟ فقال سعد ﷺ: اعف عنه يا رسول الله واصفح، فوالله لقد أعطاك الله الذي أعطاك، ولقد اصطلح أهل هذه البُحيرة أن يتوجوه فيعصِّبوه بالعصابة -أي يجعلوه ملكًا عليهم- فلما ردَّ الله ذلك بالحقِّ الذي

أعطاكه شرق بذلك، فلذلك فعل به ما رأيت، قال: فعفا عنه النبي .

صبره ﷺ على مشاق الحياة وشدتها:

فعن عائشة ـ رضي الله عنها ـ أنها قالت لعروة ابن أختي:" إنا كنا لننظر إلى الهلال ثلاثة أهلة في شهرين، وما أوقدت في أبيات رسول الله ﷺ نارٌ، فقلت: ما كان يُعيّشكم؟ قالت: الأسودان: التمر والماء، إلا أنه قد كان لرسول الله ﷺ جيران من الأنصار كان لهم منائح، وكانوا يمنحون رسول الله ﷺ من أبياتهم فيسقيناه.

وأنه ﷺ قال: "لقد أخفت في الله، وما يخاف أحد، وقد أوذيت في الله، وما يُؤذى أحد، ولقد أتت عليَّ ثلاثون ما بين يوم وليلة وما لي طعام يأكله ذو كبد إلا شيء يواريه إبط بلال"

صبره ﷺ على فقد الأولاد والأحباب:

فمات عمه أبو طالب، وتوفيت زوجته خديجة، وتوفي أولاده كلهم في حياته إلا فاطمة، وقُتل عمه حمزة، فصلوات ربي وسلامه عليه.

العفو عند المقدرة

كان النبي ﷺ قد بلغ القمة، والدرجة العالية في العفو والصفح، كما هو شأنه في كلّ خلُقٍ من الأخلاق الكريمة، فكان عفوه يشمل الأعداء فضلًا عن الأصدقاء.

(وكان ﷺ أجمل الناس صفحًا، يتلقى من قومه الأذى المؤلم فيعرض عن لومهم، أو تعنيفهم، أو مقابلتهم بمثل عملهم، ثم يعود إلى دعوتهم ونصحهم كأنما لم يلقَ منهم شيئًا.

وفي تأديب الله لرسوله بهذا الأدب أنزل الله عليه في المرحلة المكية قوله: فَاصْفَحِ الصَّفْحَ الْجَمِيلَ (85) ﴿إِنَّ رَبَّكَ هُوَ الْخَلَّاقُ الْعَلِيمُ﴾ [الحجر:85-86] ثم أنزل عليه قوله ﴿فَاصْفَحْ عَنْهُمْ وَقُلْ سَلَامٌ فَسَوْفَ يَعْلَمُونَ﴾ [الزخرف:89] فكان يقابل أذى أهل الشرك بالصفح الجميل، وهو الصفح الذي لا يكون مقرونًا بغضب أو كبر أو تذمر من المواقف المؤلمة، وكان كما أدَّبه الله تعالى. ثم كان يقابل أذاهم بالصفح الجميل، ويعرض قائلًا: سلام.

وفي العهد المدني لقي الرسول ﷺ من يهود المدينة أنواعًا من الخيانة فأنزل الله عليه قوله: ﴿وَلَا تَزَالُ تَطَّلِعُ عَلَى خَائِنَةٍ مِنْهُمْ إِلَّا قَلِيلًا مِنْهُمْ فَاعْفُ عَنْهُمْ وَاصْفَحْ إِنَّ اللَّهَ يُحِبُّ الْمُحْسِنِينَ﴾ [المائدة: 13]. فصبر الرسول ﷺ عليهم وعفا وصفح، حتى جاء الإذن الرباني بإجلائهم، ومعاقبة ناقضي العهد منهم.

ـ فعن أسامة بن زيد ـ رضي الله عنهما ـ قال: " كان رسول الله ﷺ وأصحابه يعفون عن المشركين وأهل الكتاب، كما أمرهم الله ويصبرون على الأذى.

قال الله ـتعالىـ:﴿وَلَتَسْمَعُنَّ مِنَ الَّذِينَ أُوتُوا الْكِتَابَ﴾ [آل عمران: 186] وقال: ﴿وَدَّ كَثِيرٌ مِنْ أَهْلِ الْكِتَابِ﴾ الآية [البقرة: 109]، فكان رسول الله ﷺ يتأول في العفو عنهم ما أمر الله به.

ـ وعن عبدِ اللهِ بنِ عمرِو بن العاصِ ـ رضي اللهُ عنهما ـ واصفًا النبي ﷺ: "...ولا يَدفَعُ السيئةَ بالسيئةِ، ولكن يعفو ويَصفَحُ"

ـ وعن أسامة بن زيد ـ رضي الله عنهما ـ أنَّ النبي ﷺ ركب حمارًا، عليه إكاف، تحته قطيفة فدكية. وأردف وراءه أسامة، وهو يعود سعد بن عبادة في بني الحارث بن الخزرج. وذاك قبل وقعة بدر. حتى مرَّ بمجلس فيه أخلاط من المسلمين والمشركين عبدة الأوثان، واليهود، فيهم عبد الله بن أبي، وفي المجلس عبد الله بن رواحة، فلما غشيت المجلس عجاجة الدابة، خمر عبد الله بن أبي أنفه بردائه، ثم قال: لا تغبروا علينا، فسلم عليهم النبي ﷺ ثم وقف فنزل؛ فدعاهم إلى الله، وقرأ عليهم القرآن، فقال عبد الله بن أبي: أيها المرء، لا أحسن من هذا، إن كان ما تقول حقًّا، فلا تؤذنا في مجالسنا، وارجع إلى رحلك، فمن جاءك منا فاقصص عليه. فقال عبد الله بن رواحة: اغشنا في مجالسنا، فإنا نحب ذلك، قال: فاستبَّ المسلمون والمشركون واليهود، حتى همُّوا أن يتواثبوا، فلم يزل النبي ﷺ يخفِّضهم، ثم ركب دابته حتى دخل على سعد بن عبادة. فقال: "أي سعد، ألم تسمع إلى ما قال أبو حباب؟ ـ يريد عبد الله بن أبي ـ قال: كذا وكذا، قال: "اعف عنه يا رسول الله، واصفح، فوالله لقد أعطاك الله الذي أعطاك، ولقد اصطلح أهل هذه البحيرة أن يتوِّجوه، فيعصبوه بالعصابة، فلما ردَّ الله ذلك بالحقِّ الذي أعطاكه، شرق بذلك، فذلك فعل به ما رأيت. فعفا عنه النبي ﷺ"

ـ وعن عائشة رضي الله عنها قالت: "ما ضرب رسول الله ﷺ شيئًا قط بيده، ولا امرأةً ولا خادمًا إلا أن يجاهد في سبيل الله، وما نيل

منه شيءٌ قط، فينتقم من صاحبه، إلا أن يُنتهك شيءٌ من محارم الله تعالى، فينتقم لله عزَّ وجلَّ"

- وعن جابر بن عبد الله- رضي الله عنهما- أنَّه غزا مع رسول الله ﷺ قِبَل نجد، فلما قفل رسول الله ﷺ قفل معه، فأدركتهم القائلة في واد كثير العضاه، فنزل رسول الله ﷺ وتفرق الناس يستظلون بالشجر فنزل رسول الله ﷺ تحت شجرة، وعلَّق بها سيفه ونمنا نومة، فإذا رسول الله ﷺ يدعونا، وإذا عنده أعرابي. فقال: "إن هذا اخترط عليَّ سيفي وأنا نائم، فاستيقظت وهو في يده صلتًا، فقال: من يمنعك مني؟ فقلت: الله... ثلاثًا، ولم يعاقبه وجلس"

موقفه ﷺ مع أهل ثقيف:

فعن عروة بن الزبير أن عائشة زوج النبي ﷺ حدثته أنها قالت لرسول الله ﷺ:" يا رسول الله، هل أتى عليك يوم كان أشد من يوم أحد فقال: "لقد لقيت من قومك، وكان أشد ما لقيت منهم يوم العقبة، إذ عرضت نفسي على ابن عبد يَالِيلَ بن عبد كُلَال فلم يجبني إلى ما أردت، فانطلقت وأنا مهموم على وجهي، فلم أستفق إلا بقرن الثعالب، فرفعت رأسي فإذا أنا بسحابة قد أظلتني، فنظرت فإذا فيها جبريل فناداني، فقال: إنَّ الله عز وجل قد سمع قول قومك لك، وما ردوا عليك، وقد بعث إليك ملك الجبال؛ لتأمره بما شئت فيهم، قال: فناداني ملك الجبال وسلَّم عليَّ، ثم قال: يا محمد، إنَّ الله قد سمع قول قومك لك، وأنا ملك الجبال، وقد بعثني ربك إليك لتأمرني بأمرك، فما شئت؟ إن شئت أن أطبق عليهم الأخشبين، فقال له رسول الله ﷺ: بل أرجو أن يخرج الله من أصلابهم من يعبد الله وحده لا يشرك به شيئًا"

موقفه ﷺ مع أهل مكة:

(لما فتح رسول الله ﷺ مكة، دخل البيت، فصلى بين الساريتين، ثم وضع يديه على عضادتي الباب، فقال: لا إله إلا الله وحده، ماذا تقولون، وماذا تظنون؟ قالوا: نقول خيرًا، ونظن خيرًا: أخ كريم، وابن أخ، وقد قدرت، قال: فإني أقول لكم كما قال أخي يوسف ﷺ: ﴿لَا تَثْرِيبَ عَلَيْكُمُ الْيَوْمَ يَغْفِرُ اللَّهُ لَكُمْ وَهُوَ أَرْحَمُ الرَّاحِمِينَ﴾ [يوسف:92].

موقفه ﷺ مع عكرمة بن أبي جهل:

(عن عروة بن الزبير قال: قال عكرمة بن أبي جهل: لما انتهيت إلى رسول الله ﷺ قلت: يا محمد، إنَّ هذه أخبرتني أنَّك أمَّنتني، فقال رسول الله ﷺ: أنت آمن. فقلت: أشهد أن لا إله إلا الله وحده لا شريك له، وأنت عبد الله ورسوله، وأنت أبرُّ الناس، وأصدق الناس، وأوفى الناس، قال عكرمة: أقول ذلك وإني لمطأطئ رأسي استحياء منه، ثم قلت: يا رسول الله، استغفر لي كلَّ عداوة عاديتكها، أو موكب أوضعت فيه أريد فيه إظهار الشرك، فقال رسول الله ﷺ: اللهم اغفر لعكرمة كلَّ عداوة عادانيها، أو موكب أوضع فيه يريد أن يصدَّ عن سبيلك. قلت: يا رسول الله، مرني بخير ما تعلم فأعلِّمُه، قال: قل: أشهد أن لا إله إلا الله، وأنَّ محمدًا عبده ورسوله، وتجاهد في سبيله، ثم قال عكرمة: أما والله يا رسول الله، لا أدع نفقة كنت أنفقتها في الصدِّ عن سبيل الله إلا أنفقت ضعفها في سبيل الله، ولا قاتلت قتالًا في الصدِّ عن سبيل الله

إلا أبليت ضعفه في سبيل الله. ثم اجتهد في القتال حتى قتل يوم أجنادين شهيدًا في خلافة أبي بكر رضي الله عنه)

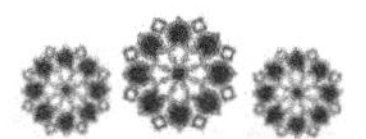

التواضع

كان رسول الله ﷺ جمَّ التَّواضُع، لا يعتريه كِبرٌ ولا بَطَرٌ على رِفْعَة قَدْرِه وعلوِّ منزلته، يخفض جناحه للمؤمنين ولا يتعاظم عليهم، ويجلس بينهم كواحد منهم، ولا يُعْرَف مجلسه مِن مجلس أصحابه؛ لأنَّه كان يجلس حيث ينتهي به المجلس، ويجلس بين ظهرانيهم فيجيء الغريب فلا يدري أيُّهم هو حتى يسأل عنه. روى أبو داود في سننه عن أبي ذرٍّ وأبي هريرة ـ رضي الله عنهما ـ قالا: "كان رسول الله ﷺ يجلس بين ظهري أصحابه فيجيء الغريب فلا يدري أيُّهم هو حتى يسأل، فطلبنا إلى رسول الله ﷺ أن نجعل له مجلسًا يعرفه الغريب إذا أتاه.

وقال له رجل: يا محمَّد، أيا سيِّدنا وابن سيِّدنا، وخيرنا وابن خيرنا، فقال رسول الله ﷺ: "يا أيُّها النَّاس، عليكم بتقواكم، ولا يستهوينَّكم الشَّيطان، أنا محمَّد بن عبد الله، أنا عبد الله ورسوله، ما أحبُّ أن ترفعوني فوق منزلتي التي أنزلنيها الله".

ـ وكان ﷺ مِن تواضعه، يتفقَّد أحوال أصحابه ويقوم بزيارتهم، فقد روى البخاريُّ في صحيحه عن عبد الله بن عمرو قال: "إنَّ رسول الله صلى الله عليه وسلم ذُكِر له صومي، فدخل عليَّ فألقيت له وسادة مِن أَدَم حشوها ليف فجلس على الأرض، وصارت الوسادة بيني وبينه، فقال أما يكفيك مِن كلِّ شهرٍ ثلاثة أيَّام. قال: قلت: يا رسول الله! قال: خمسًا. قلت: يا رسول الله! قال: سبعًا. قلت: يا رسول الله! قال: تسعًا. قلت: يا رسول الله! قال: إحدى عشرة. ثَمَّ قال النَّبيُّ ﷺ: لا صوم فوق صوم داود ـ عليه السَّلام ـ شطر الدَّهر: صم يومًا وأفطر يومًا.

وكان يتفقَّدهم حتى في الغزوات والمعارك، ومِن ذلك ما رواه مسلم في صحيحه مِن حديث أبي برزة: أنَّ النَّبيَّ ﷺ كان في مغزى له، فأفاء الله عليه، فقال لأصحابه: هل تفقدون مِن أحدٍ. قالوا: نعم فلانًا وفلانًا وفلانًا. ثمَّ قال: هل تفقدون مِن أحدٍ. قالوا: نعم فلانًا وفلانًا وفلانًا. ثمَّ قال: هل تفقدون مِن أحدٍ؟ قالوا: لا. قال: لكنّي أفقد جليبيبًا، فاطلبوه. فطُلِب في القتلى، فوجدوه إلى جنب سبعة قد قتلهم ثمَّ قتلوه، فأتى النَّبيُّ ﷺ فوقف عليه، فقال: قتل سبعة ثمَّ قتلوه، هذا منّي وأنا منه، هذا منّي وأنا منه. قال: فوضعه على ساعديه ليس له إلّا ساعدا النَّبيِّ ﷺ قال: فحفر له ووضع في قبره.

- وكان مِن تواضعه ﷺ القيام بخدمة أصحابه، روى مسلم في صحيحه مِن حديث أبي قتادة، وفيه -في قصَّة نومهم عن صلاة الفجر-: (...قال ودعا بالميضأة، ﷺ وسلم يصبُّ وأبو قتادة يسقيهم -أي أصحابه- فلم يَعْدُ أن رأى النَّاس ماءً في الميضأة تكابُّوا عليها. فقال ﷺ وسلم أحسنوا المَلأَ، كلُّكم سيُروى. قال: ففعلوا. فجعل رسول الله ﷺ يصبُّ وأسقيهم حتى ما بقي غيري وغير رسول الله ﷺ قال: ثمَّ صبَّ رسول الله ﷺ، فقال: لي اشرب. فقلت: لا أشرب حتى تشرب يا رسول الله. قال: إنَّ ساقي القوم آخرهم شربًا. قال: فشربت، وشرب رسول الله ﷺ، قال: فأتى النَّاس الماء جامِّين رِوَاءً.)

- ومِن تواضعه ﷺ، أنَّه إذا مرَّ على الصِّبيان، سلَّم عليهم، فقد روى البخاريُّ ومسلم عن أنس -رضي الله عنه -: (أنَّه مرَّ على صبيان فسلَّم عليهم، وقال: كان النَّبيُّ ﷺ يفعله)

(وكان ﷺ يزور الأنصار، ويسلِّم على صبيانهم، ويمسح رؤوسهم)

وعن أنس -رضي الله عنه -: قال: "إن كان رسول الله ﷺ ليخالطنا حتى يقول لأخٍ لي صغير: يا أبا عُمَيْر، ما فعل النُّغَيْر؟

ـ ومِن تواضعه ﷺ أنَّه كان يشارك في خدمة أهله في البيت، فقد روى البخاريُّ عن الأسود، قال: "سألت عائشة: ما كان النَّبيُّ ﷺ يصنع في بيته؟ قالت: كان يكون في مِهْنَة أهله ـ تعني خدمة أهله ـ، فإذا حضرت الصَّلاة خرج إلى الصَّلاة"

ـ وكان مِن تواضعه ﷺ أنه يركب الحمار ويستردف فيه، يحكي لنا أنس رضي الله عنه عن حال النَّبيّ صلى الله عليه وسلم فيقول: (كان صلى الله عليه وسلم يُرْدِف خلفه، ويضع طعامه على الأرض، ويجيب دعوة المملوك، ويركب الحمار))

وعن عبيد بن حنين أنَّه سمع ابن عبَّاس ﷺ يحدّث أنَّه قال: "مكثت سنة أريد أن أسأل عمر بن الخطَّاب عن آية، فما أستطيع أن أسأله هيبة له، حتى خرج حاجًّا فخرجت معه. الحديث فيه: "وإنَّه ـ أي: رسول الله ﷺ ـ لَعَلَى حصيرٍ ما بينه وبينه شيء وتحت رأسه وسادة مِنَ أَدَم حشوها ليف، وإنَّ عند رجليه قَرَظًا مصبوبًا، وعند رأسه أَهَبٌ معلَّقة، فرأيت أثر الحصير في جنبه فبكيتُ، فقال: ما يبكيك؟ فقلت: يا رسول الله، إنَّ كِسْرَى وقيصر فيما هُمَا فيه وأنت رسول الله! فقال: أَمَا ترضى أن تكون لهم الدُّنْيا ولنا الآخرة.)

الأمانة

أشهر مَن اتصف بالأمَانَة هو نبيُّنا محمَّد ﷺ في كلِّ أمور حياته، قبل البعثة وبعدها.

أما أمانته قبل البعثة: فقد عُرف بين قومه قبل بعثته بالأمين ولقِّب به، فها هي ذا، القبائل مِن قريش لما بنت الكعبة حتى بلغ البنيان موضع الركن ـالحجر الأسودـ اختصموا فيه، كلُّ قبيلة تريد أن ترفعه إلى موضعه دون القبيلة الأخرى حتى تخالفوا وأعدُّوا للقتال، فمكثت قريش على ذلك أربع ليالي أو خمسًا، ثمَّ تشاوروا في الأمر، فأشار أحدهم بأن يكون أوَّل مَن يدخل مِن باب المسجد هو الذي يقضي بين القبائل في هذا الأمر، ففعلوا، فكان أوَّل داخل عليهم رسول الله ﷺ، فلمَّا رأوه قالوا: هذا الأمين، رضينا، هذا محمَّد، فلمَّا انتهى إليهم، وأخبروه الخبر، قال ﷺ: "هلمَّ إليَّ ثوبًا، فأُتِي به، فأخذ الركن، فوضعه فيه بيده، ثمَّ قال: لتأخذ كلُّ قبيلة بناحيةٍ مِن الثَّوب، ثمَّ ارفعوه جميعًا، ففعلوا، حتى إذا بلغوا به موضعه، وضعه هو بيده، ثمَّ بنى عليه"

ولقد كان السَّبب في زواجه ﷺ بخديجة ـ رضي الله عنها ـ هو الأمَانَة، فقد تاجر ﷺ في مال خديجة قبل البعثة، وقد اتَّصف في تجارته بصدق الحديث، وعظيم الأمَانَة، يقول ابن الأثير في هذا الصَّدد: "فلمَّا بلغها ـأي خديجةـ عن رسول الله ﷺ صدقَ الحديث، وعظيم الأمَانَة، وكرم الأخلاق، أرسلت إليه ليخرج في مالها إلى الشَّام تاجرًا، وتعطيه أفضل ما كانت تعطي غيره مع غلامها ميسرة، فأجابها، وخرج معه ميسرة، ولمَّا عاد إلى مكَّة، وقصَّ عليها ميسرة أخبار محمَّد ﷺ، قررت الزَّواج به.

والمواقف التي تدلُّ على أمانته صلى الله عليه وسلم قبل البعثة كثيرة.

أمَّا أمانته بعد البعثة: فقد أدَّى الرَّسول ﷺ الأمَانَة الكبرى -التي تكفَّل بها وهي الرِّسالة- أعظم ما يكون الأداء، وتحمَّل في سبيلها أعظم أنواع المشقَّة.

وقد شهد له العدوُّ قبل الصَّديق بأمانته، ومِن الأمثلة على ذلك: ما جاء في حوار أبي سفيان ـ قبل إسلامه ـ وهرقل، حيث قال هرقل: "سألتُك ماذا يأمركم؟ فزعمت أنَّه يأمر بالصَّلاة، والصِّدق، والعفاف، والوفاء بالعهد، وأداء الأمَانَة، قال: وهذه صفة نبيّ. وفي موضع آخر يقول هرقل: "وسألتك هل يغدر؟ فزعمت أن لا، وكذلك الرُّسل لا يغدرون".

وقد كان ﷺ أحرص النَّاس على أداء الأمانات والودائع للنَّاس حتى في أصعب وأحلك الأوقات، فها هي ذا، قريش تُودِع عنده أموالها أمانة لما يتوسَّمون فيه مِن هذه الصِّفة، وها هو ذا، ﷺ يخرج مهاجرًا مِن مكَّة إلى المدينة، فماذا يفعل في أمانات النَّاس التي عنده؟!... قال لعلي بن أبي طالب ـ رضي الله عنه ـ: نَمْ على فراشي، واتَّشح ببردي الأخضر، فنم فيه، فإنَّه لا يخلص إليك شيء تكرهه، وأمره أن يؤدِّي ما عنده مِن وديعة وأمانة.

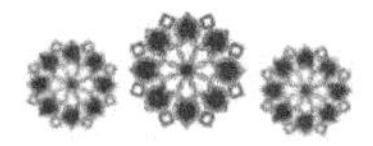

الشَّجاعة

عن علي ـ رضي الله عنه ـ قال: "لقد رأيتنا يوم بدر ونحن نلوذ برسول الله ﷺ وهو أقربنا إلى العدو، وكان من أشد النَّاس يومئذ بأسًا.

ـ قال رجل للبراء ـ رضي الله عنه ـ: "يا أبا عمارة، أفررتم يوم حنين؟ قال: لا والله، ما ولَّى رسول الله ﷺ، ولكنه خرج شبان أصحابه وأخِفَّاؤُهم حُسَّرًا ليس عليهم سلاح أو كثير سلاح، فلقوا قومًا رماة لا يكاد يسقط لهم سهم، جمع هوازن، وبني نصر، فرشقوهم رشقًا ما يكادون يخطئون، فأقبلوا هناك إلى رسول الله ﷺ، وهو على بغلته البيضاء، وأبو سفيان بن الحارث بن عبد المطلب يقود به، فنزل فاستنصر وقال: "أنا النَّبي لا كذب، أنا ابن عبد المطلب، ثُمَّ صفَّهم"

ـ وعن عباس بن عبد المطلب ـ رضي الله عنه ـ قال: "شهدت مع رسول الله ﷺ يوم حنين، فلزمت أنا وأبو سفيان بن الحارث بن عبد المطلب رسول الله ﷺ، فلم نفارقه، وهو على بغلة له بيضاء أهداها له فروة بن نفاثة الجذامي، فلما التقى المسلمون والكفار، ولَّى المسلمون مدبرين، فطفق رسول الله ﷺ يركض بغلته قِبَلَ الكفار، قال عباس: وأنا آخذ بلجام بغلة رسول الله ﷺ أكفها؛ إرادةَ ألا تسرع، وأبو سفيان آخذ بركاب رسول الله ﷺ، فقال رسول الله ﷺ: "أيْ عباس، ناد أصحاب السمرة. فقال عباس: ـوكان رجلًا صيِّتًاـ فقلت بأعلى صوتي: أين أصحاب السمرة، قال: فوالله لكأن عطفتهم حين سمعوا صوتي، عطفة البقر على أولادها. فقالوا: يا لبيك يا لبيك، قال: فاقتتلوا والكفار، والدعوة في الأنصار يقولون:

يا معشر الأنصار يا معشر الأنصار، قال: ثُمَّ قصرت الدعوة على بني الحارث بن الخزرج، فقالوا: يا بني الحارث بن الخزرج، يا بني الحارث بن الخزرج، فنظر رسول الله ﷺ وهو على بغلته كالمتطاول عليها إلى قتالهم، فقال هذا حين حمي الوطيس.

ـ وعن أنس ـ رضي الله عنه ـ قال: ''كان النَّبي ﷺ أحسن النَّاس، وأجود النَّاس، وأشجع النَّاس، ولقد فزع أهل المدينة ذات ليلة فانطلق النَّاس قِبَل الصوت، فاستقبلهم النَّبي صلى الله عليه وسلم، قد سبق النَّاس إلى الصوت وهو يقول: لن تراعوا لن تراعوا، وهو على فرس لأبي طلحة عري، ما عليه سرج، في عنقه سيف، فقال: لقد وجدته بحرًا، أو إنَّه لبحر.

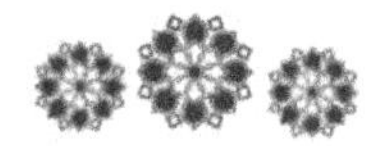

الزُّهد

كان من أخلاقه ﷺ، الزهدُ في الدنيا، والاكتفاء منها بما يُقيم الأوَدَ، والصبرُ على شظف العيش، والقناعة بما يصل إليه.

ﷺ ينام على حصير ليس تحته غيره، ووسادة حشوُها ليف، وكان لباسه البُرَدَ الغليظة، وطعامه التمر والشعير، يمضي الشهر والشهران لا يُوقد في بيته نارٌ؛ وإنما يكتفون بالتمر والماء، وكثيرًا كان يبيت طاويًا، ويصبح صائمًا، وكان يعصب الحجر على بطنه من شدة الجوع، وحُملت إليه الأموال فلم يدَّخر منها شيئًا، بل مات ودرعُه مرهونة عند يهودي في ثلاثين صاعًا من شعير، ولو أراد أن يعيش في نعيم ورغَد من العيش، لكان له ذلك، ولكنه ﷺ آثر الزهد والصبر ابتغاءَ مرضاة الله تعالى.

ومن الأحاديث التي تدل على شدة زهده ﷺ وقناعته:

عن عائشة ـ رضي الله عنها ـ قالت: "ما شبع آل محمد ﷺ منذ قدم المدينة من طعام البُرِّ ثلاثَ ليالٍ تباعًا حتى قُبض"[1].

وعنها ـ رضي الله عنه ـ قالت: "إنَّا كُنَّا آلَ محمد ﷺ لَنمكثُ شهرًا ما نستوقد بنار، إن هو إلا التمر والماء"[2].

وعن عروة بن الزبير عن عائشة ـ رضي الله عنها ـ أنها كانت تقول: "يا بن أختي، إن كنا لَننظرُ إلى الهلال ثم الهلال، ثلاثة أهلَّة في شهرين وما أوقد في أبيات رسول الله ﷺ نارٌ، فقلت: يا خالة، ما كان يُعَيِّشُكم؟ قالت: الأسودانِ: التمرُ والماء، إلا أنه قد كان لرسول الله ﷺ جيرانٌ من الأنصار كانت لهم منائحُ، وكانوا يمنحون

رسولَ الله ﷺ من ألبانهم؛ فيسقينا". رواه البخاري 2567، ومسلم 2972، واللفظ لمسلم.

وعن النُّعمان بن بشير ﷺ أن عمر بن الخطاب ﷺ ذكر ما أصاب الناسُ من الدنيا، فقال: لقد رأيت رسول الله ﷺ يظل اليوم يلْتوي ما يجد دقَلاً ـ الدقل: الرديء من التمر ـ يملأ به بطنه"؛ رواه مسلم 2978.

وعن عائشة ـ رضي الله عنها ـ قالت: "لقد مات رسولُ الله ﷺ وما شَبِع من خبزٍ وزيت في يوم واحد مرتين"

فلننظرْ ولْنتأمل في هذا الغيض من الفيض العظيم من خُلق النبي ﷺ وصفاته؛ لنعلمَ أن ذلك مظهرٌ من مظاهر التكريم الذي اختصَّه به ربُّ العالمين؛ إذ هداه إلى أحسن الأخلاق وأتمِّها وأعلاها.

وإذا كان اللهُ أرسله ليُعلي الأخلاق إلى أسماها، والفضائل إلى منتهاها، فلا بد أن تكون أخلاقه ﷺ في الذروة، وقد كان.

وقد شهد له ربُّه فقال: ﴿وَإِنَّكَ لَعَلَى خُلُقٍ عَظِيمٍ﴾ [القلم: 4].

وقال هو عن نفسه: "إنما بُعثت لأتمِمَ مكارم الأخلاق"

إننا نعلم علم اليقين أن ليس في مقدورنا أن نوفي الحديثَ عن أخلاق الرسول ﷺ حقَّه مهما اجتهدنا، وإنما نشير إلى عظمته ببيانٍ قاصر عاجز، ولا نزعم أنَّا نستطيع الإحاطة أو الاستقصاء؛ إلا أننا نشعر أن الأمة والعالم كله اليوم بحاجة إلى أن يبرُزَ أمامه هذا النموذجُ الفريد؛ ليكون قدوة في عالم النَّاس، ولِمَ لا وقد قال الله ـ تعالى ـ: ﴿لَقَدْ كَانَ لَكُمْ فِي رَسُولِ اللَّهِ أُسْوَةٌ حَسَنَةٌ لِمَنْ كَانَ يَرْجُو اللَّهَ وَالْيَوْمَ الْآخِرَ وَذَكَرَ اللَّهَ كَثِيرًا﴾ [الأحزاب: 21]

وأكمل الله ـ تعالى ـ له هذا الكمالَ الخُلقي بالكمال الخِلقي؛ وذلك باعتدال صورته وهيئته، وبالسكينة التي كانت تعلوه، والوقار والمهابة له في النفوس، مع تحلِّيه ﷺ بالتواضع الجم، وكذلك بالطلاقة والبشاشة والمودة، وحُسن القَبول عند الناس، فقد كان دائم البِشْر والتبسم، بل كان يأمر بذلك، فقال: ''تبسُّمُك في وجه أخيك صدقة''

وكان ﷺ بالنسبة لأصحابه ومن تبِعهم من المسلمين، أحبَّ من الآباء والأبناء ومن كل شيء.

وهكذا كان حال رسول الله ﷺ مع كل مَن لقيه، فقد كان مقبولاً محبوبًا مُطاعًا مَهيبًا عند الإنس والجن، إلا من كتب الله ـ عز وجل ـ عليهم الشقاءَ والعذاب من كفار الإنس والجن.

ولقد وهب الله ـ تعالى ـ رسوله محمدًا ﷺ من كمال الخِلقة، وجمال الصورة، وقوة العقل، وصحة الفهم، وفصاحةِ اللسان، وقوة الحواس والأعضاء، واعتدالِ الحركات، وشرفِ النسب ما لم يبلغه أحدٌ من النبيّين ـ عليهم السلام ـ فضلاً عن الناس.

وقد وصفَه أنس ﷺ فقال: ''كان رسول الله ﷺ أزهر اللون، كأن عَرَقه اللؤلؤ، إذا مشى تكفَّأ، ولا مسست ديباجة، ولا حريرة ألينَ من كفِّ رسول الله ﷺ ولا شَممتُ مسكة ولا عنبرة أطيبَ من رائحة النبي ﷺ ''

وكذلك وصَفه البراءُ ﷺ فقال: ''كان رسول الله ﷺ رجلاً مربوعًا، بعيدَ ما بين المَنْكِبين، له شعَر يبلغ شحمة أذنيه، رأيته في حُلّةٍ حمراء لم أرَ شيئًا قط أحسنَ منه''

ومع هذا الكمال الخُلقي والخِلقي، نرى فيه من عظيم الخلال ورفيع الشمائل ما يتحقَّق به الكمالُ البشري في أعلى وأكمل صوره البشرية، متمثلاً في فضائل الأقوال وفضائل الأعمال

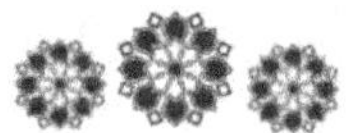

الإيثار

أخذ رسول الله ﷺ مِن جميع الأخلاق أوفر الحظِّ والنَّصيب، فما مِن خُلُقٍ إلَّا وقد تربَّع المصطفى ﷺ على عرشه، وعلا ذِروة سَنَامه، ففي خُلُق الإيثَار كان هو سيِّد المؤثِرين وقائدهم، بل وصل الحال به ﷺ أنَّه لم يكن يشبع ـلا هو ولا أهل بيته ـ بسبب إيثاره. قال ابن حجر: "والذي يظهر أنَّه ﷺ كان يؤثر بما عنده، فقد ثبت في الصَّحيحين أنَّه كان إذا جاءه ما فتح الله عليه مِن خيبر وغيرها ـ مِن تمر وغيره ـ يدَّخر قوت أهله سنة، ثمَّ يجعل ما بقي عنده عُدَّة في سبيل الله تعالى، ثمَّ كان مع ذلك ـإذا طرأ عليه طارئ أو نزل به ضيف ـ يشير على أهله بإيثارهم، فربَّما أدَّى ذلك إلى نفاد ما عندهم أو معظمه"

وإليك أخي الكريم بعض الصُّور مِن إيثار رسول الله ﷺ:

ـ عن سهل بن سعد، قال: "امرأة ببردة، قال: أتدرون ما البردة؟ فقيل له: نعم، هي الشَّملة منسوج في حاشيتها. قالت: يا رسول الله، إنِّي نسجت هذه بيدي أكسوكها، فأخذها النَّبيُّ ﷺ محتاجًا إليها، فخرج إلينا وإنَّها إزاره، فقال رجل مِن القوم: يا رسول الله، اكسنيها. فقال: (نعم). فجلس النَّبيُّ ﷺ في المجلس، ثمَّ رجع فطواها، ثمَّ أرسل بها إليه، فقال له القوم: ما أحسنت، سألتها إيَّاه، لقد علمت أنَّه لا يردُّ سائلًا. فقال الرَّجل: والله ما سألته إلَّا لتكون كفني يوم أموت. قال سهل: فكانت كفنه".

ـ وعن جابر بن عبد الله ـرضي الله عنهما ـ قال: "إنَّا يوم الخندق نحفر فعرضت كُدْيَةً شديدةً فجاءوا النَّبيَّ ﷺ فقالوا: هذه كُدْيَةٌ

عرضت في الخندق. فقال: أنا نازل ثمَّ قام -وبطنه معصوبٌ بحجر، ولبثنا ثلاثة أيَّام لا نذوق ذواقًا- فأخذ النَّبيُّ ﷺ المِعْوَل فضرب في الكُدْيَة فعاد كثيبًا أهيل أو أهيم، فقلت: يا رسول الله ائذن لي إلى البيت، فقلت لامرأتي: رأيت في النَّبيِّ ﷺ شيئًا ما كان في ذلك صبر فعندك شيءٌ؟ فقالت: عندي شعير وعناق فذبحت العناق، وطحنت الشَّعير حتى جعلنا اللَّحم بالبرمة. ثمَّ جئت النَّبيَّ ﷺ والعجين قد انكسر، والبرمة بين الأثافي قد كادت أن تنضج. فقلت: طعيِّم لي، فقم أنت -يا رسول الله- ورجل أو رجلان. قال: كم هو؟ فذكرت له، فقال: كثير طيِّب. قال: قل لها لا تنزع البرمة ولا الخبز مِن التَّنُّور حتى آتي. فقال: قوموا. فقام المهاجرون والأنصار، فلمَّا دخل على امرأته. قال: ويحك جاء النَّبيُّ ﷺ بالمهاجرين والأنصار ومَن معهم! قالت: هل سألك؟ قلت: نعم. فقال: ادخلوا ولا تضاغطوا فجعل يكسر الخبز ويجعل عليه اللَّحم ويخمِّر البرمة والتَّنُّور إذا أخذ منه، ويقرِّب إلى أصحابه ثمَّ ينزع، فلم يزل يكسر الخبز ويغرف حتى شبعوا وبقي بقيَّةٌ. قال: كلي هذا وأهدي، فإنَّ النَّاس أصابتهم مجاعةٌ".

- وعن أنس بن مالك رضي الله عنه قال: "قال أبو طلحة لأمِّ سليم: لقد سمعت صوت رسول ﷺ ضعيفًا أعرف فيه الجوع، فهل عندك مِن شيء؟ قالت: نعم. فأخرجت أقراصًا مِن شعير، ثمَّ أخرجت خمارًا لها فلفَّت الخبز ببعضه، ثمَّ دسَّته تحت يدي ولَاثَتْني ببعضه، ثمَّ أرسلتني إلى رسول الله ﷺ، قال: فذهبت به فوجدت رسول الله ﷺ في المسجد ومعه النَّاس، فقمت عليهم، فقال لي رسول الله ﷺ: آرسلك أبو طلحة؟ فقلت: نعم. قال: بطعام؟ قلت: نعم. فقال رسول الله ﷺ لمن معه: قوموا. فانطلق وانطلقت بين أيديهم حتى جئت أبا طلحة فأخبرته، فقال أبو طلحة: يا أمَّ سليم، قد جاء رسول الله ﷺ بالنَّاس، وليس عندنا ما نطعمهم. فقالت: الله ورسوله أعلم. فانطلق أبو طلحة حتى لقي رسول الله ﷺ، فأقبل رسول الله ﷺ وأبو

طلحة معه، فقال رسول الله ﷺ: هلمِّي يا أمَّ سليم ما عندك، فأتت بذلك الخبز، فأمر به رسول الله ﷺ ففتَّ، وعصرت أمُّ سليم عكَّة فأدمته، ثمَّ قال رسول الله ﷺ فيه ما شاء الله أن يقول، ثمَّ قال: ائذن لعشرة. فأذن لهم، فأكلوا حتى شبعوا، ثمَّ خرجوا، ثمَّ قال: ائذن لعشرة. فأذن لهم، فأكلوا حتى شبعوا ثمَّ خرجوا ثمَّ قال: ائذن لعشرة. فأذن لهم، فأكلوا حتى شبعوا، ثمَّ خرجوا، ثمَّ قال: ائذن لعشرة. فأكل القوم كلُّهم حتى شبعوا، والقوم سبعون أو ثمانون رجلًا ".

- وعن أبي هريرة رضي الله عنه أنَّه كان يقول: "الله الذي لا إله إلَّا هو، إن كنت لأعتمد بكبدي على الأرض مِن الجوع. وإن كنت لأشدُّ الحجر على بطني مِن الجوع. ولقد قعدت يومًا على طريقهم الذي يخرجون منه فمرَّ أبو بكر فسألته عن آية مِن كتاب الله ما سألته إلَّا ليشبعني، فمرَّ ولم يفعل، ثمَّ مرَّ أبو القاسم ﷺ فتبسَّم حين رآني، وعرف ما في نفسي وما في وجهي. ثمَّ قال: يا أبا هر! قلت: لبَّيك رسول الله. قال: الْحَق. ومضى فتبعته، فدخل فاستأذن، فأذن لي، فدخل فوجد لبنًا في قدح، فقال: مِن أين هذا اللَّبن؟ قالوا: أهداه لك فلان ـأو فلانةـ قال: أبا هر! قلت: لبَّيك يا رسول الله. قال: الْحَق إلى أهل الصُّفَّة فادعهم لي. قال- وأهل الصُّفَّة أضياف الإسلام لا يأوون على أهل ولا مال ولا على أحد. إذا أتته صدقة بعث بها إليهم ولم يتناول منها شيئًا، وإذا أتته هديَّة أرسل إليهم وأصاب منها وأشركهم فيها- فساءني ذلك، فقلت: وما هذا اللَّبن في أهل الصُّفَّة؟ كنت أحقَّ أن أصيب مِن هذا اللَّبن شربة أتقوَّى بها، فإذا جاءوا أمرني فكنت أنا أعطيهم، وما عسى أن يبلغني مِن هذا اللَّبن؟! ولم يكن مِن طاعة الله وطاعة رسوله ﷺ بد، فأتيتهم فدعوتهم فأقبلوا فاستأذنوا، فأذن لهم وأخذوا مجالسهم مِن البيت. قال: يا أبا هر، قلت: لبَّيك يا رسول الله. قال: خذ فأعطهم. فأخذت القدح فجعلت أعطيه الرَّجل فيشرب حتى يروى، ثمَّ يردُّ عليَّ القدح حتى انتهيت

إلى النَّبيِّ ﷺ وقد روي القوم كلُّهم. فأخذ القدح فوضعه على يده فنظر إليَّ فتبسَّم، فقال: أبا هر، قلت: لبَّيك يا رسول الله. قال: بقيت أنا وأنت. قلت: صدقت يا رسول الله. قال: اقعد فاشرب، فقعدت فشربت. فقال: اشرب. فشربتُ، فما زال يقول: اشرب. حتى قلتُ: لا -والذي بعثك بالحقِّ- ما أجد له مسلكًا. قال: فأرني، فأعطيته القدح، فحمد الله وسمَّى، وشرب الفضلة".

الوفاء

إنَّ الوفاء بالعهد، وعدم نسيانه أو الإغضاء عن واجبه، خلق كريم، ولذا كان رسول الله ﷺ فيه بالمحل الأفضل والمقام الأسمى، والمكان الأشرف، فوفاؤه كان مضرب المثل، وحقَّ له ذلك، وهو سيد الأوفياء ويتجلى لنا وفاء الرسول ﷺ في صور كثيرة منها:

وفاؤه بالعهد لعدوه:

كان رسول الله ﷺ يفي بالعهود والمواثيق التي تكون بينه وبين أعداء الإسلام.

فثبت عنه ﷺ أنه قال لرسولي مسيلمة الكذاب لما قالا: نقول: إنه رسول الله (لولا أن الرسل لا تقتل لقتلتكما) وثبت عنه أنه قال لأبي رافع، وقد أرسلته إليه قريش، فأراد المقام عنده، وأنه لا يرجع إليهم فقال: "إني لا أخيس بالعهد، ولا أحبس البرد، ولكن ارجع إلى قومك، فإن كان في نفسك الذي فيها الآن فارجع". وثبت عنه أنَّه ردَّ إليهم أبا جندل للعهد الذي كان بينه وبينهم، أن يردَّ إليهم من جاءه منهم مسلمًا.

- وعن حذيفة بن اليمان رضي الله عنهما قال: ما منعني أن أشهد بدرًا إلا أني خرجت أنا وأبي حسيل. قال: فأخذنا كفار قريش. قالوا: إنكم تريدون محمدًا؟ فقلنا: ما نريده، ما نريد إلا المدينة. فأخذوا منا عهد الله وميثاقه لننصرفنَّ إلى المدينة، ولا نقاتل معه. فأتينا رسول الله ﷺ فأخبرناه الخبر. فقال: "انصرفا، نفي لهم بعهدهم، ونستعين الله عليهم".

وفاؤه ﷺ لزوجاته:

فمن وفائه ﷺ في هذا الباب، أنه كان يُكرم صديقات زوجته خديجة ـ رضي الله عنها ـ بعد موتها، فعن أنس بن مالك ﷺ قال: "كان النبي ﷺ إذا أتي بالشيء يقول: "اذهبوا به إلى فلانة؛ فإنها كانت صديقة خديجة، اذهبوا به إلى بيت فلانة؛ فإنها كانت تحب خديجة".

وعن عائشة ـ رضي الله عنها ـ قالت: "ما غرت على أحد من أزواج النبي ﷺ ما غرت على خديجة، وما بي أن أكون أدركتها، وما ذاك إلا لكثرة ذكر رسول الله ﷺ، وإن كان ليذبح الشاة فيتتبع بها صدائق خديجة؛ فيهديها لهنَّ".

1. يقول (مهاتما غاندي) في حديث لجريدة ينج إنديا: أردت أن أعرف صفات الرجل الذي يملك بدون نزاع قلوب ملايين البشر.. لقد أصبحت مقتنعاً كل الاقتناع أن السيف لم يكن الوسيلة التي من خلالها اكتسب الإسلام مكانته، بل كان ذلك من خلال بساطة الرسول، مع دقته وصدقه في الوعود، وتفانيه وإخلاصه لأصدقائه وأتباعه، وشجاعته مع ثقته المطلقة في ربه وفي رسالته. هذه الصفات هي التي مهدت الطريق، وتخطت المصاعب وليس السيف. بعد انتهائي من قراءة الجزء الثاني من حياة الرسول وجدت نفسي آسِفًا لعدم وجود المزيد للتعرف أكثر على حياته العظيمة.

2. يقول البروفيسور (راما كريشنا راو) في كتابه محمد النبيّ لا يمكن معرفة شخصية محمد بكل جوانبها. ولكن كل ما في استطاعتي أن أقدمه هو نبذة عن حياته من صور متتابعة جميلة. فهناك محمد النبيّ، ومحمد المحارب، ومحمد رجل الأعمال، ومحمد رجل السياسة، ومحمد الخطيب، ومحمد المصلح، ومحمد ملاذ اليتامى، وحامي العبيد، ومحمد محرر النساء، ومحمد القاضي، كل هذه الأدوار الرائعة في كل دروب الحياة الإنسانية تؤهله لأن يكون بطلًا.

3. يقول المستشرق الكندي الدكتور (زويمر) في كتابه الشرق وعاداته: إن محمدًا كان ولا شك من أعظم القواد المسلمين الدينيين، ويصدق عليه القول أيضًا بأنه كان مُصلحًا قديرًا وبليغًا فصيحًا وجريئًا مغوارًا، ومفكرًا عظيمًا، ولا يجوز أن ننسب إليه ما ينافي هذه الصفات، وهذا قرآنه الذي جاء به وتاريخه يشهدان بصحة هذا الادعاء.

4. يقول المستشرق الألماني (برتلي سانت هيلر) في كتابه الشرقيون وعقائدهم: "كان محمد رئيسًا للدولة وساهرًا على حياة الشعب وحريته، وكان يعاقب الأشخاص الذين يجترحون الجنايات حسب أحوال زمانه وأحوال تلك الجماعات الوحشية التي كان يعيش النبيُّ بين ظهرانيها، فكان النبي داعياً إلى ديانة الإله الواحد، وكان في دعوته هذه لطيفاً ورحيماً حتى مع أعدائه، وإن في شخصيته صفتين هما من أجلّ الصفات التي تحملها النفس البشرية، وهما: العدالة والرحمة".

5. يقول الانجليزي (برناردشو) في كتابه محمد والذي أحرقته السلطة البريطانية:" إن العالم أحوج ما يكون إلى رجلٍ في تفكير محمد، هذا النبي الذي وضع دينه دائمًا موضع الاحترام والإجلال، فإنه أقوى دين على هضم جميع المدنيات، خالدًا خلود الأبد، وإني أرى كثيرًا من بني قومي قد دخلوا هذا الدين على بينة، وسيجد هذا الدين مجاله الفسيح في هذه القارة (يعني أوروبا). إنّ رجال الدين في القرون الوسطى، ونتيجةً للجهل أو التعصّب، قد رسموا لدين محمدٍ صورةً قاتمة، لقد كانوا يعتبرونه عدوًّا للمسيحية، لكنّني اطّلعت على أمر هذا الرجل، فوجدته أعجوبة خارقةً،

وتوصلت إلى أنّه لم يكن عدوًّا للمسيحية، بل يجب أنْ يسمَّى منقذ البشرية، وفي رأيي أنّه لو تولّى أمر العالم اليوم، لوُفِّق في حلّ مشكلاتنا بما يؤمن السلام والسعادة التي يرنو البشر إليها.

٦. يقول (سنرستن الآسوجي) أستاذ اللغات السامية، في كتابه تاريخ حياة محمد: "إننا لم ننصف محمدًا إذا أنكرنا ما هو عليه من عظيم الصفات وحميد المزايا، فلقد خاض محمد معركة الحياة الصحيحة في وجه الجهل والهمجية، مُصِرًا على مبدئه، وما زال يحارب الطغاة حتى انتهى به المطاف إلى النصر المبين، فأصبحت شريعته أكمل الشرائع، وهو فوق عظماء التاريخ".

٧. يقول المستشرق الأمريكي (سنكس) في كتابه ديانة العرب: "ظهر محمد بعد المسيح بخمسمائة وسبعين سنة، وكانت وظيفته ترقية عقول البشر، بإشرابها الأصول الأولية للأخلاق الفاضلة، وبإرجاعها إلى الاعتقاد بإله واحد، وبحياة بعد هذه الحياة".

٨. يقول (مايكل هارت) في كتابه مائة رجل في التاريخ: "إن اختياري محمدًا، ليكون الأول في أهم وأعظم رجال التاريخ، قد يدهش القُرّاء، ولكنه الرجل الوحيد في التاريخ كله الذي نجح أعلى نجاح على المستويين: الديني والدنيوي".

فهناك رُسل وأنبياء وحكماء بدأوا رسالات عظيمة، ولكنهم ماتوا دون إتمامها، كالمسيح في المسيحية، أو شاركهم فيها غيرهم، أو سبقهم إليها سواهم، كموسى في اليهودية، ولكن محمدًا هو الوحيد الذي أتم رسالته الدينية، وتحددت أحكامها، وآمنت بها شعوب بأسرها في حياته. ولأنه أقام جانب الدين دولة جديدة، فإنه في هذا المجال الدنيوي أيضًا، وحّد القبائل في شعب، والشعوب في أمة، ووضع لها كل أُسس حياتها، ورسم أمور دنياها، ووضعها في موضع الانطلاق إلى العالم. أيضًا في حياته، فهو الذي بدأ الرسالة الدينية والدنيوية، وأتمها".

9. يقول الأديب العالمي (ليف تولستوي): "يكفي محمدًا فخرًا أنّه خلّص أمةً ذليلةً دمويةً من مخالب شياطين العادات الذميمة، وفتح على وجوههم طريقَ الرُّقي والتقدم، وأنّ شريعةَ محمدٍ، ستسودُ العالم لانسجامها مع العقل والحكمة".

10. يقول الدكتور (شبرك) النمساوي: "إنّ البشرية لتفتخر بانتساب رجل كمحمد إليها، إذ إنّه رغم أمّيته، استطاع قبل بضعة عشر قرنًا أنْ يأتي بتشريع، سنكونُ نحنُ الأوروبيين أسعد ما نكون، إذا توصلنا إلى قمّته".

11. يقول الفيلسوف الإنجليزي (توماس كارليل) في كتابه الأبطال: "لقد أصبح من أكبر العار على أي فرد متحدث هذا العصر أن يصغي إلى ما يقال من أن دين الإسلام كذب، وأن محمداً خدّاع مزوِّر. وإن لنا أن نحارب ما يشاع من مثل هذه الأقوال السخيفة المخجلة؛ فإن الرسالة التي أدّاها ذلك الرسول ما زالت السراج المنير مدة اثني عشر قرناً لنحو مائتي مليون من الناس، أفكان

أحدكم يظن أن هذه الرسالة التي عاش بها ومات عليها هذه الملايين الفائقة الحصر والإحصاء أكذوبة وخدعة؟"

12. (جوتة الأديب الألماني): إننا أهل أوربة بجميع مفاهيمنا، لم نصل بعد إلى ما وصل إليه محمد، وسوف لا يتقدم عليه أحد، ولقد بحثت في التاريخ عن مثل أعلى لهذا الإنسان؛ فوجدته في النبي محمد، وهكذا وجب أن يظهر الحق ويعلو، كما نجح محمد الذي أخضع العالم كله بكلمة التوحيد.

13. جاء في موسوعة الحضارة للمؤرخ الشهير (وول ديورانت): وإذا ما حكمنا على العظمة بما كان للعظيم من أثر في الناس قلنا إن محمدًا كان من أعظم عظماء التاريخ، فقد أخذ على نفسه أن يرفع المستوى الروحي والأخلاقي لشعب ألقت به في دياجير الهمجية حرارة الجو وجدب الصحراء، وقد نجح في تحقيق هذا الغرض نجاحًا لم يدانه فيه أي مصلح آخر في التاريخ كله، وقل أن نجد إنسانًا غيرة حقق كل ما كان يحلم به. (موسوعة قصة الحضارة ـ وول ديورانت ـ الجزء 13 ص 47 الهيئة المصرية العامة للكتاب)

14. يقول (توماس كارلايل) -1840م- (الكاتب والمؤرخ والفيلسوف الإنجليزي المشهور) مُبينًا الشبهات التي يروجها أعداء الإسلام الحاقدين:" إن الأكاذيب التي أثارتها الحماسة

الصادرة عن حسن نية حول هذا الرجل ـ أي محمد ﷺ ـ لا تشين إلا أنفسنا".

15. يقول (توماس كارلايل) في (ص 88) من كتابه الأبطال وعبادة الأبطال: " محمد مزورًا ومحتالًا أو مشعوذًا؟ كلا! ثم كلا! إن هذا القلب الكبير المفعم بالعاطفة الجياشة الذي يغلي كمرجل أو مَوقِد هائل مـن الأفكار، لم يكن قلب محتال أو مشعوذ".

16. يقول القس (بوزوورث سميث) & (Bosworth) Smith): "لقد كان رئيسا للدولة ولجماعة تدين بنفس العقيدة، لقد كان يجمع سلطة ومقام قيصر والبابا معًا، ولكنه بابا بدون خيلاء البابا وغروره، وقيصر بلا فيلق أو حشوده وبلا جيش عامل ولا حارس شخصي ولا قوة من الشرطة ولا دخل ثابت. لو أن ثمـة رجل كان له الحق في أن يدعي أنه يحكم بالحق الإلهي فقد كان هذا الرجل هو محمد؛ فقد كانت معه جميع السلطات من غير أن يكون معه ما يدعمها أو يحافظ عليها، وقد كانت بساطة حياته الخاصة متطابقة ومنسجمة مع حياته العامة".

17. يقول (كارلايل) في كتابه الأبطال وعبادة الأبطال: "لقد كان محمدًا رجلًا فقيرًا، شديد الكدح، غير قادر على الإعالة، لا يهتم بما يجتهد في طلبه الرعاع أو السوقة. وفيما أرى فإنه لم يكن امرؤ سوء، ولم يكن طالب شهوة من أي نوع، وإلا ما وقره هؤلاء الرجال الوحشيين الذين قاتلوا وخاضوا الملاحم، طوع أمره خلال

ثلاث وعشرين سنة، وهم في ذلك وثيقو الصلة به دائمًا، كل هذا التوقير!"

18. يقول (توماس كارلايل): إن رسالة هذا الرجل ـ محمد ﷺ ـ إنّما هي صوت نابع من الفطرة. إن الناس يصغون وينبغي أن يصغوا إلى هذه الفطرةـ كما لم يصغوا إلى شيء آخر. فكل شيء آخر بالمقارنة لها إنما هو لغو.

قال أحمد شوقي في تعداد بعض أخلاق النبي ﷺ العظيمة، وخِصاله الكريمة، وشمائله المباركة:

ولد الهدى فالكائنات ضياء

وُلِدَ الهُدى فَالكائِناتُ ضِياءُ	وفَمُ الزَمانِ تَبَسُّمٌ وثَناءُ
الروحُ والمَلأُ المَلائِكُ حَولَهُ	لِلدينِ والدُنيا بِهِ بُشَراءُ
والعَرشُ يَزهو والحَظيرَةُ تَزدَهي	والمُنتَهى والسِدرَةُ العَصماءُ
وَحَديقَةُ الفُرقانِ ضاحِكَةُ الرُبا	بِالتُرجُمانِ شَذِيَّةً غَنّاءُ
والوَحيُ يَقطُرُ سَلسَلاً مِن سَلسَلٍ	واللَوحُ والقَلَمُ البَديعُ رُواءُ
نُظِمَت أسامي الرُسلِ فَهيَ صَحيفَةٌ	في اللَوحِ واِسمُ مُحَمَّدٍ طُغَراءُ
اِسمُ الجَلالَةِ في بَديعِ حُروفِهِ	ألِفٌ هُنالِكَ واِسمُ طَهَ الباءُ

يا خَيرَ مَن جاءَ الوُجودَ تَحِيَّةً   مِن مُرسَلينَ إلى الهُدى بِكَ جاؤوا

بَيتُ النَبِيّينَ الَّذي لا يَلتَقي   إلّا الحَنائِفُ فيهِ وَالحُنَفاءُ

خَيرُ الأُبُوَّةِ حازَهُم لَكَ آدَمٌ   دونَ الأَنامِ وَأَحرَزَت حَوّاءُ

هُم أَدرَكوا عِزَّ النُبُوَّةِ وَانتَهَت   فيها إِلَيكَ العِزَّةُ القَعساءُ

خُلِقَت لِبَيتِكَ وَهوَ مَخلوقٌ لَها   إنَّ العَظائِمَ كُفؤُها العُظَماءُ

بِكَ بَشَّرَ اللَهُ السَماءَ فَزُيِّنَت   وَتَضَوَّعَت مِسكاً بِكَ الغَبراءُ

وَبَدا مُحَيّاكَ الَّذي قَسَماتُهُ   حَقٌّ وَغُرَّتُهُ هُدىً وَحَياءُ

وَعَلَيهِ مِن نورِ النُبُوَّةِ رَونَقٌ   وَمِنَ الخَليلِ وَهَديِهِ سيماءُ

أَثنى المَسيحُ عَلَيهِ خَلفَ سَمائِهِ   وَتَهَلَّلَت وَاِهتَزَّتِ العَذراءُ

يَومٌ يَتيهُ عَلى الزَمانِ صَباحُهُ   وَمَساؤُهُ بِمُحَمَّدٍ وَضّاءُ

الحَقُّ عالي الرُكنِ فيهِ مُظَفَّرٌ   في المُلكِ لا يَعلو عَلَيهِ لِواءُ

ذُعِرَت عُروشُ الظالِمينَ فَزُلزِلَت ** وَعَلَت عَلى تيجانِهِم أَصداءُ

وَالنّارُ خاوِيَةُ الجَوانِبِ حَولَهُم ** وَالنّارُ خاوِيَةُ الجَوانِبِ حَولَهُم

وَالآيُ تَترى وَالخَوارِقُ جَمَّةٌ ** جِبريلُ رَوّاحٌ بِها غَدّاءُ

نِعمَ اليَتيمُ بَدَت مَخايِلُ فَضلِهِ ** وَاليُتمُ رِزقٌ بَعضُهُ وَذَكاءُ

في المَهدِ يُستَسقى الحَيا بِرَجائِهِ ** وَبِقَصدِهِ تُستَدفَعُ البَأساءُ

بِسِوى الأَمانَةِ في الصِبا وَالصِدقِ لَم ** يَعرِفهُ أَهلُ الصِدقِ وَالأَمَناءُ

يا مَن لَهُ الأَخلاقُ ما تَهوى العُلا ** مِنها وَما يَتَعَشَّقُ الكُبَراءُ

لَو لَم تُقِم ديناً لَقامَت وَحدَها ** ديناً تُضيءُ بِنورِهِ الآناءُ

زانَتكَ في الخُلُقِ العَظيمِ شَمائِلٌ ** يُغرى بِهِنَّ وَيولَعُ الكُرَماءُ

أَمّا الجَمالُ فَأَنتَ شَمسُ سَمائِهِ ** وَمَلاحَةُ الصَديقِ مِنكَ أَياءُ

وَالحُسنُ مِن كَرَمِ الوُجوهِ وَخَيرُهُ ** ما أوتِيَ القُوّادُ وَالزُعَماءُ

فَإذا سَخَوتَ بَلَغتَ بِالجودِ المَدى … وَفَعَلتَ ما لا تَفعَلُ الأَنواءُ

وَإذا عَفَوتَ فَقادِراً وَمُقَـدَّراً … لا يَستَهينُ بِعَفوِكَ الجُهَلاءُ

وَإذا رَحِمـتَ فَأَنتَ أُمٌّ أو أَبٌ … هَذانِ في الدُنيا هُما الرُحَمـاءُ

وَإذا غَضِبتَ فَإِنَّما هِيَ غَضبَةٌ … في الحَقِّ لا ضِغنٌ وَلا بَغضـاءُ

وَإذا رَضيتَ فَذاكَ في مَرضاتِـهِ … وَإذا رَضيتَ فَذاكَ في مَرضاتِـهِ

وَإذا خَطَبتَ فَلِلمَنابِـرِ هِزَّةٌ … تَعرو النَدِيَّ وَلِلقُلوبِ بُكـاءُ

وَإذا قَضَيتَ فَلا ارتِيابَ كَأَنَّمـا … جاءَ الخُصومَ مِنَ السَماءِ قَضـاءُ

وَإذا حَمَيتَ الماءَ لَم يورَد وَلَو … أَنَّ القَياصِرَ وَالمُلوكَ ظِمـاءُ

وَإذا أَجَـرتَ فَأَنتَ بَيتُ اللهِ لَم … يَدخُل عَلَيهِ المُستَجيرَ عَـداءُ

وَإذا مَلَكتَ النَفسَ قُمتَ بِبِرِّهـا … وَلَو أَنَّ ما مَلَكَت يَداكَ الشـاءُ

وَإذا بَنَيتَ فَخَيرُ زَوجٍ عِشرَةً … وَإذا ابتَنَيتَ فَدونَكَ الآبـاءُ

وَإذا صَحِبتَ رَأى الوَفاء مُجَسَّماً ... في بُردِكَ الأصحابُ وَالخُلَطاءُ

وَإذا أَخَذتَ العَهدَ أو أَعطَيتَـهُ ... فَجَميعُ عَهدِكَ ذِمَّةٌ وَوَفاءُ

وَإذا مَشَيتَ إلى العِدا فَغَضَنفَرٌ ... وَإذا جَرَيتَ فَإنَّكَ النَكباءُ

وَتَمُدُّ حِلمَكَ للسَفيهِ مُدارِيـاً ... حَتّى يَضيقَ بِعَرضِكَ السُفَهاءُ

في كُلِّ نَفسٍ مِن سُطاكَ مَهابَةٌ ... وَلِكُلِّ نَفسٍ في نَداكَ رَجاءُ

الخاتمة

إلى هنا نصل معكم إلى خاتمة هذا الموضوع الذي قد عرضنا لكم فيه بعض الأخلاق التي يجب أن نتحلى بها اقتداءً بالرسول ﷺ.

المحتويات

ضيف هاتف الدار على موبايلك مباشرة

لزيارة موقع الدار

لزيارة صفحة الدار

للتواصل مع الدار واتس آب

مجلة الدار لإصداراتها الورقية